Dedicated to Niki, Dimitris, Lelis - Charikleia
Dedicated to my wonderfully patient husband and ch
Dora and her family, our parents - Elisavet

Copyright © 2020 Elisavet Arkolaki, Charikleia Arkc......

Translated into Ukrainian by Tanya Pavlenko.

All rights reserved.

For permission requests and supplementary teaching material, please write to the publisher at liza@maltamum.com www.maltamum.com

ISBN 9798543011744

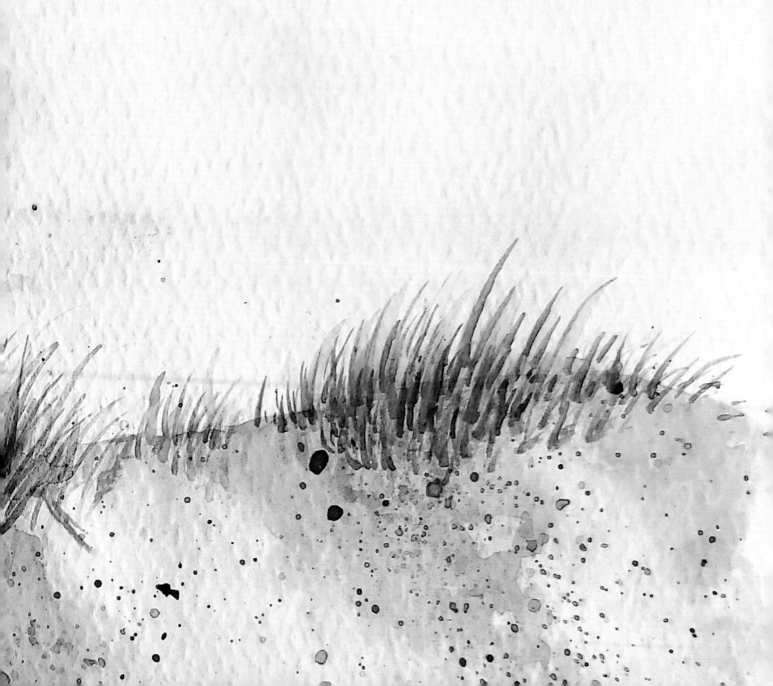

Today, I felt like painting the sea.
We took our brushes, watercolors,
art pads, and a glass of water and sat
on the veranda to paint. A little blue,
a little yellow, a little brown and look,
that's how it all started.

Сьогодні мені захотілося намалювати
море. Ми взяли наші пензлики,
акварельні фарби, альбоми для
малювання і склянку води та сіли на
веранді малювати. Трішки блакитного,
трішки жовтого, трішки коричневого
—— ось так все і почалося.

I was reminded of the summer vacations we took, to the place where my mother grew up, and I added some rocks to the landscape. Purple for the sparse clouds and this green for the hill seem to be a great match.

Я пригадала, як на літніх канікулах ми відвідали місце, де виросла моя мама, і додала кілька камінців до пейзажу. Тут ідеально пасуватимуть фіолетовий колір для розкиданих хмар і зелений для пагорба.

We'd go to the sea every morning and play there for hours. All the colors of summer were imprinted on our swimsuits. Intense yellow, intense blue, and Intense orange.

Ми ходили на море кожного ранку і грались там годинами. Всі кольори літа відображались на наших купальних костюмах: насичено-жовтий, насичено-блакитний і насичено-оранжевий.

I also remembered the small church. It was on the hill. Our grandmother would sometimes take us there before we returned home for lunch. I'll mix a little brown, a little yellow, and a little green.

Я також пригадала маленьку церкву. Вона стояла на пагорбі. Ми ходили туди разом з нашою бабусею перед тим, як повернутися додому обідати. Я змішаю трохи коричневого, жовтого і зеленого кольорів.

On the way back we often picked wildflowers to arrange them in a vase. I think orange, purple and green are very suitable here.

По дорозі додому ми часто збирали дикі квіти і потім складали їх у вазу. На мою думку, тут чудово виглядатимуть оранжевий, фіолетовий і зелений кольори.

When we got home, and after we had eaten our food, she offered us the most delicious fruit. Green for the fig, orange for the apricot, and red for the peach.

Коли ми поверталися додому і завершували трапезу, бабуся пропонувала нам найсмачніші фрукти. Зелений колір підійде для фіги, оранжевий для абрикоса та червоний для персика.

Grandma also had a cat. We played so many different games inside and outside, running after her in the narrow dead-end street. It was, indeed, Happiness Street! Her colors were white, brown, and bright green.

У бабусі також була киця. Ми гралися в безліч різноманітних ігор в будинку і надворі, бігаючи за нею по вузенькій вуличці, що закінчувалась глухим кутом.
Це справді була Вулиця Щастя!
Її кольорами були білий, коричневий і яскраво-зелений.

In the afternoons we used to take a stroll down the beach again. I'll mix brown, green, and white for the trail.

Після обіду ми звикли знову прогулюватися пляжем. Я змішаю коричневий, зелений і білий кольори для стежки.

How beautiful those sunsets were!
We take a whole trip back in time
with a little purple, yellow, and brown.

Якими ж прекрасними були там
заходи сонця! Ми відправимось у
подорож назад у часі з фіолетовим,
жовтим та коричневим кольорами.

We'd bring our food with us, lay the mat down on the sand and eat under the starry sky. Dark yellow, dark blue, and a dash of red, and we're there again.

Ми приносили з собою їжу, розкладали килимок на піску та їли під зоряним небом. Темно-жовтий, темно-синій і трішки червоного —— і ми знову опиняємось там.

I remember the landscape changed dramatically when autumn came. We knew then that it was time to leave.
Mom was coming.
The colors are getting really dark now, intense blue, deep green.

Я пам'ятаю, як сильно змінився пейзаж, коли прийшла осінь. Ми знали, що настала пора повертатися. Приїхала мама. Тепер кольори почали ставати дуже темними, такими як насичено-блакитний і насичено-зелений.

But look at the composition, how it changes again, and how the hazy colors are making room for other happier ones. Mom also brought along with her white, pink, and gold, and a promise that yes, we'd leave, but we would come back again.

Просто поглянь на композицію, як вона знову змінюється і як невиразні кольори поступаються щасливішим барвам. Мама також принесла з собою білі, рожеві й золоті фарби і пообіцяла що, хоча ми й поїдемо, та обов'язково повернемось сюди знову.

Dear Child,

Every summer has a story. This is a story inspired by my own childhood, and my sister's watercolors. Ask an adult to help you write down the words and draw the images of your own summer story, and send me an email at liza@maltamum.com I promise, I'll write back to you.

Dear Grown-up,

If you feel this book adds value to children's lives, please leave an honest review on Amazon or Goodreads. A shout-out on social media and a tag #HappinessStreet would also be nothing short of amazing. Your review will help others discover the book and encourage me to keep on writing. Visit eepurl.com/dvnij9 for free activities, printables and more.

Forever grateful, thank you!

All my best,
Elisavet Arkolaki

Printed in Great Britain
by Amazon

80306199R20018